TRES-HVMBLES REMONSTRANCES AV ROY.

SIRE,

Les deux premiers Ordres & Officiers de voſtre Prouince de Dauphiné s'eſtans preualus de l'authorité de leurs Charges, de la foibleſſe & impuiſſance du tiers Ordre de la meſme Prouince, rejettãt ſur luy le payement de toutes les charges extraordinaires & communes, auſquelles par diuers Arreſts & Reiglemens ils ſont tenus & obligez de contribuer : Auroient meus les Deputez dudit Ordre de recourir à Voſtre Majeſté, & par leur Requeſte & Cahier de plaintes, luy faire deux demãdes auſſi iuſtes & raiſonnables qu'elles ſont vtiles & importãtes à ſon ſeruice.

La premiere, pour aſſeurer le fond de ſa Taille, & remedier aux abbus des frequentes exemptions & ennobliſ-ſemens, les donations & ventes ſimulees qui ſe ſont pratiquees par le paſſé en fraude d'icelle ; Tend à ce que tous les biens & heritages ruraux qui eſtoient entre les mains des gens du tiers Ordre de voſtredite Prouince, lors de l'eſtabliſſement ou reuiſion generale des quatre mil ſept cens cinquante feus donnez en partage aux Communau-

Inuentaire de la reaiité piece cottée A. & des charges extraor. piece cott. A. art. 14.

A ij

tez d'icelle en l'an 1461. foient remis à la Taille auec ceux que ledit Ordre poffede de prefent, & cadaftrez à perpetuité à l'exemple des Bailliages de Gap, Briançon & Embrun, faifant partie de ladite Prouince.

La feconde, que fuiuant plufieurs Arrefts, conclufions generales des Eftats, & l'vfage ancien de voftredite Prouince: Lefdits deux premiers Ordres & Officiers pour leurs biens Ecclefiaftiques, Nobles ou exempts ayent à contribuer au payement de toutes les charges extraordinaires & cómunes, defquelles le breuet de la Taille fe treuue compofé, outre & pardeffus le Taillon ancien & don gratuit.

De l'inuentaire des charges extraord. piece cottee A. art. 15.

REALITE'.

AV fubiet de la premiere demande, il eft notoire que voftre Prouince de Dauphiné eftoit anciennement appellee *Viennenfis Gallia*, & les habitans d'icelle, *Viennenfes Galli*, lefquels comme confederez du peuple Romain furent declarez eftre *iuris Italici*, & iouyr par confequent des mefmes droicts & franchifes.

L. Final. D. de Cens.

Apres la domination des Empereurs Romains & des Roys de Bourgongne, & d'Arles, lad. Prouince fut en l'an 1135. transferee en la famille des Princes Dauphins, qui furent faits Vicaires perpetuels de l'Empire, pendant lequel téps tous les habitans dudit pays iouyffoient des mefmes droits, franchifes & priuileges que le peuple Romain, lefquels en l'an 1341. furent confirmez par Humbert dernier Prince Dauphin, qui declara tous fes fubiets de quelque qualité qu'ils fuffét francs à perpetuité de toutes charges, foüages, Tailles extraordinaires, dons, & emprunts, fe referuant feulement les Tailles ordinaires, comtales, cens, & rentes deuës annuellement à fon Domaine.

Statut Delphinal imprimé à Grenoble en l'an 1619. fol. 1.

Stat. Delph. fol. 88. & par la piece cott. D.

TRES-HVMBLES
REMONSTRANCES
AV ROY,
PAR LES GENS DV
TIERS ESTAT DE DAVPHINE'.

CONTRE LES DEVX PREMIERS
Ordres, & Officiers de la mesme Prouince.

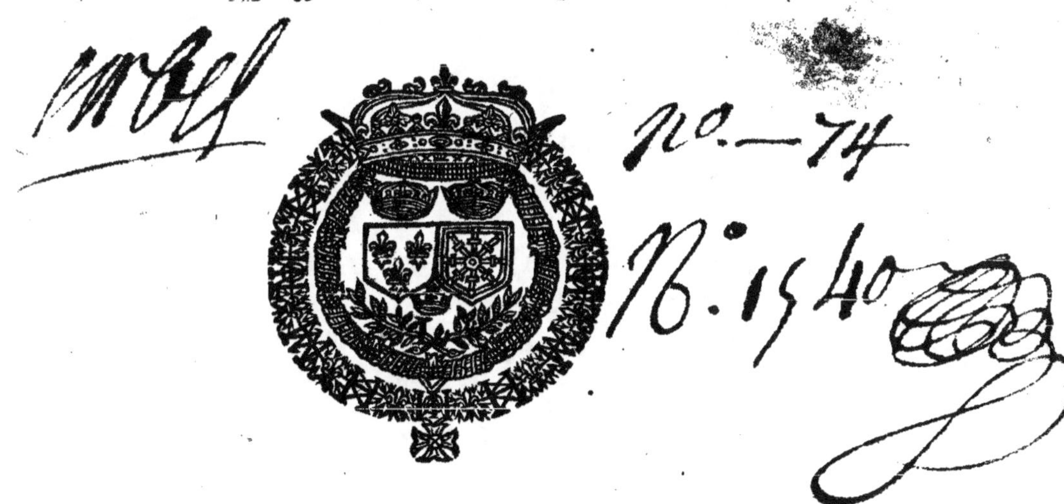

A PARIS,

M. DC. XXXIV.

Les Princes Dauphins leuoient fur leurs fubiets deux fortes de Tailles, l'vne eftoit appellee ordinaire Comtale, & l'autre extraordinaire.

La premiere fe payoit en cõfideration de leur Domaine, cõme Comtes du Viennois : Qualité qu'ils auoient auant celle de Dauphin, & qu'ils porterent apres cõioinctement, Guigues fecõd eftant le premier qui fe fift appeller Comte Dauphin du Viennois. Telles Tailles ordinaires appellees Comtales eftoient limitees à certaine fomme & leur eftoient payees annuellement par les hommes de leurs Terres & Comtez, comme les cens, rentes, coruees & autres droicts de leur Domaine, ainfi qu'il fe pratique encor à prefent en quelques Terres du Viennois, comme en la Comté de Roffillon, Baronnies d'Aulberriue, Surieu, ville foubs Anjou, Vergnioz, Vitrieu, la Chappelle , & autres, où les hommes defdites Terres payent annuellement aux Seigneurs d'icelles vne fomme certaine , qui s'appelle encore à prefent taille Comtale.

Les autres Tailles que lefdits Dauphins leuoient indiferemment fur tous leurs fubiets eftoient nommees extraordinaires, d'autant qu'ils n'en faifoient la leuee qu'en cas de guerre ou autre neceffité. De ces Tailles extraordinaires ledit Humbert Dauphin en l'an 1341. declara exempts à perpetuité tous fes fubiects de quelque qualité qu'ils fuffent, *Ipfos fuos quofcumque fubditos eorum hæredes & fucceffores & pofteros à prædictis omnibus, & fingulis ftabilitis fogagijs, collectis, taillijs extraordinarijs, & muneribus liberauit & afranchiauit & immunes effe voluit, atque francos perpetuo nunc & femper,* fe referuant feulement les Tailles ordinaires Comtales, cens, & rentes deuës annuellement à fon Domaine, *Taillijs ordinarijs Comitalibus & feruitijs, cenfibus, vfagijs, &*

A iij

Stat. Delph. fol. 1.

Stat. Delph. fol. 88. & par la piece cott. D.

alijs muneribus ipsi domino Delphino annuatim debitis & soluen-
dis in omnibus semper saluis.

Ledit Humbert Dauphin se voyant sans enfans en l'an
1343. fist don de son pays de Dauphiné au fils aisné du
Roy Philippes de Valois; à condition de porter le nom &
armes de Dauphiné, & de garder à perpetuité toutes les
libertez, franchises & priuileges par luy & ses predecesseurs concedees audit pays, ce qui fut accordé & iuré
solemnellement par ledit Roy Philippes, & depuis confirmé de temps en temps par les Roys ses successeurs. Et
mesme par feu Henry le Grand de glorieuse memoire en
l'an 1595. Et encores par vostre Majesté dans sa ville de
Grenoble en l'an 1622.

Vostre pays de Dauphiné a iouy longuement de ses
priuileges sans contribuer aux Tailles que de son pur
mouuement, ne donnant de temps en temps aux Roys
Dauphins qu'vne somme de vingt mil liures en reconnoissance de leur souueraineté, laquelle fust appellee don
gratuit ou octroy. Le premier qui le receut fut le Roy
Charles cinquiesme, lequel en l'an 1367. donna permis-
sion aux trois Estats de Dauphiné de leuer sur eux la somme de trente mil florins. De laquelle ladite Prouince de-
siroit le reconnoistre.

Et comme les affaires chãgent par la necessité du temps,
lors que le reuenu du Domaine que vostre Majesté a audit
pays, ne pouuoit à cause des guerres suffire pour la conseruation d'iceluy : Tous les Ordres à proportion de leurs
biens contribuoient esgallement à ceste cõmune necessité;
Le Clergé par decimes, la Noblesse par arriere-bans en
personne ou deniers, & le peuple par Tailles. Ce qui dõna
lieu à l'establissement ou reuision generale des feuz dudit

pays, qui fut faite és annees 1461. 1462. & ſuiuantes ; En *Stat. Delph,* *fol.* 107. vertu des Lettres patentes du Roy Louys vnzieſme qui enuoya des Commiſſaires dans ledit pays pour faire le dénombrement de tous les fiefs, reuenus & autres biens ruraux d'iceluy. Ce dénombrement fait, fut aſſigné au tiers Ordre pour les fonds ruraux qu'il poſſedoit pour lors la quantité de quatre mil ſept cens cinquante & tant de feuz, Leſquels furent départis & diſtribuez aux Parroiſſes & Communautez, à proportion de leur terroir, & aux deux premiers Ordres, à cauſe de leurs fiefs & biens no-bles, fut aſſigné vn nombre certain de feus qu'on ne peut iuſtifier, à cauſe que les actes & procedures de ladite reui-ſion & dénombrement general deſdits biens ſont au *Piece cottee* pouuoir des gens des Comptes dudit pays, qui en furent *G. G.* faits depoſitaires, leſquels ne les ont voulu produire pour eſtre deciſiues du fait dont eſt queſtion.

Cét ordre de feus, eſtably de la ſorte, chacun deſdits Eſtats ſupportoit les charges à proportion de ſes biens, le Clergé par decimes, la Nobleſſe par arriere bans, & le peuple par Tailles. Mais l'authorité que les deux premiers Ordres & Officiers, ont touſiours eu ſur voſtre peuple, qui par conſideration des affaires des temps, auſquels il a fait ſa plainte, n'a peu eſtre ouy de ceux à qui il a demandé iuſtice, peruertit cét Ordre ancien & fit rejetter ſur luy comme ſur la partie la plus foible la fluction de toutes les charges : Ce qui luy a donné vn iuſte ſubiet de ſe venir ietter aux pieds de voſtre Majeſté pour implorer ſa Iuſtice ordinaire, & luy remonſtrer que les anciens Ordres de ſa Prouince n'ont peu eſtre changez & alterez par aucun priuilege de Nobleſſe ou exemption, puis qu'auparauant & apres que le Dauphiné fut vny à ſa Couronne, ils eſtoient communs à tous les Ordres.

Voſtre peuple de Dauphiné eſtant en pareils termes que celuy de Prouence, lequel s'eſtant laiſſé ſurmôter aux deux premiers Ordres & Officiers de ſon pays qui s'eſtoient exemptez du payement des charges, en rendãt les Tailles de reelles qu'elles eſtoient, perſonnelles, ſe pourueut au Conſeil, & requiſt que tous les fonds ruraux qui auoient eſté declarez taillables par leur derniere Reuiſion de feuz faite en l'an 1471. dix annees apres celles du Dauphiné, fuſſent declarez tels à l'aduenir, & cadaſtrez à perpetuité. Apres que les deux premiers Ordres & Officiers eurẽt eſté ouys, qui alleguerent vne longue poſſeſſion & produiſirent pluſieurs tiltres, arreſts & tranſactions faites à leur profit, par Arreſt rẽdu en voſtre Parlement de Paris en l'an 1549. où la cauſe fut renuoyee, la realité des Tailles fut ordonnee de tous les fonds ruraux declarez taillables par leur derniere reuiſion faite quatre vingts ans auparauant.

Papon liure 5. tit. 11. des tailles & impoſts art 39.

Et comme le Dauphiné & la Prouence ſont Prouinces voiſines, qui ont touſiours eſté regies & policees par meſme droict pour n'auoir compoſé qu'vn meſme corps, ſous la domination des Romains & des Roys de Vienne & d'Arles, le dernier deſquels fut Bozon, auquel par defaut d'enfans, Guygues le Gras, Comte d'Albon ſucceda, qui fut fait premier Comte du Viennois, & à luy en ſuite les Comtes Dauphins ; Il s'enſuit que l'vne n'a peu eſtre Prouince de realité, que l'autre ne l'aye eſté par conſequent, & pour en faire voir les preuues, ſont rapportees pluſieurs marques de realité, qui ſe rencontrent dans le pays de Dauphiné, comme dans la Prouence.

La premiere, que le Dauphiné a touſiours eſté pays de droict eſcrit, regy & policé de meſme que l'Italie, ainſi que

la Loy

la Loy finale D. *de Cenf.* le porte *Viennenfes Galli Iuris Italici fuxt.* D'où l'on doit inferer que les Tailles y ont efté de tout téps reelles, puis qu'elles furẽt faites telles en toute l'Italie, au rapport de Liuius liu. 1. qui dit qu'à Rome les tailles & tributs fe leuant par tefte, Seruius Tullius fut le premier qui les impofa fur les fonds, & abrogea la Capitation : *Seruius Tull. primus cenfum inftituit rem faluberrimã tanto futuro Impe-rio, ex quo belli pacifq; munia nõ viritim vt ante fierent.* Ce qui eft confirmé par l'aduis que donna Mœcenas à l'Empereur Augufte, au rapport de Dion, liu. 52. *Tributa non perfonis, fed rebus imponenda, ne qui annuos ex rerum poffeffione fructus & redditus percipiunt immunes habeantur,* ce qui fut obferué dans toute l'eftenduë de l'Empire Romain, & aux Prouin-ces qui ont efté regies par mefme droict, comme le Lan-guedoc, la Prouence & le Dauphiné, qui font les Prouin-ces de voftre Royaume, regies par le droict efcrit, & où par confequent les Tailles font purement reelles.

La 2. que voftre pays de Dauphiné eft reglé & diuifé par feuz comme la Prouence : Qu'aux Baillages de Briançon, Gap, Embrun & Communauté d'Oyfans du Baillage de Grifiuodan, faifans le tiers de ladite Prouince, les Tailles y font purement reelles, cõme en Prouence & Languedoc : Eftant incompatible que ces Prouinces regies par mefme droict, & lefdits Baillages diuifez par mefmes feuz, que les autres dudit pays de Dauphiné foient differends en quali-té, les vns eftans reels & les autres perfonnels, mais eftans tous d'vne mefme nature, & ne compofant qu'vn mefme corps, les vns par raifon ne peuuent eftre reels que les au-tres ne le foient par confequent.

La 3. que ladite Prouence a efté departie en 47 50. tant de feuz taillables, comme la Prouence en mefme temps. *Piece cottee* r.

ſe fut en 3000. ſur le pied deſquels on a fait de tout temps & fait-on encores les impoſitions : Et pour monſtrer que ces feuz ne ſont pas feuz de meſnage, comme au reſte de voſtre Royaume, mais feuz qui ont touſiours eſté reels & immuables. C'eſt que la meilleure Ville ou Communauté de Dauphiné n'eſt tiree en ladite reuiſion qu'à 40. ou 50. feuz au plus, bien qu'il y ait ſept à huiĉt cens familles, ce qui fait voir que ces feuz ont eſté aſſignez aux Villes & Communautez de ladite Prouince, à proportion de leur terroir, & non du nombre de leurs familles.

D'ailleurs, que depuis l'eſtabliſſement deſdits feuz iuſ-ques à l'Arreſt de l'an 1602. le nombre deſdits feuz n'auoit eſté augmenté ny diminué, qui eſt vne marque euidente qu'ils ſont aſſis ſur le fõds & terroir dudit pays, qui demeu-re touſiours en meſme eſtat, ſans receuoir accroiſſement ny diminution, que ſi bien ils euſſent eſté aſſignez ſur le nombre des familles, il les euſt fallu de neceſſité par fois augmenter ou diminuer à proportion de la creuë ou perte d'icelles. Que leſdits feuz ſont diuiſez en pluſieurs fraĉtions & parcelles, comme d'vn quart huiĉtieſme, vingt quatrieſme & quarantehuiĉtieſme ; Ce qui monſtre qu'ils ont eſté aſſis ſur quelque choſe de large foncier & ſolide : d'autant que telles diuiſions ne peuuent compatir auec la perſonnalité ; de ſorte que qui dit vn feu de Dau-phiné parle d'vn mas ou contenu de terroir, duquel on ignore la dimenſion pour eſtre les aĉtes de l'eſtabliſſe-ment & derniere reuiſion d'iceux au pouuoir des gens des Comtes de voſtredit pays, qui ſont parties au procés.

Stat. Delph. part. 2. fol. 19. verſo & 20. La 4. marque eſt, que la Taille ſe paye pour le fonds au lieu de ſa ſituation, ce qui s'eſt pratiqué de tout temps en ladite Prouince ; comme en l'an 1462. il fut iũgé côtre les

habitans de Lyon, & en fuitte par diuers Arrefts & Rei- *& par les pieces cottees M. M.*
glemens : De forte qu'vn taillable poffedant des fonds en
diuerfes Parroiffes paye la taille en chacune d'icelles. Ce
qu'on ne pratique aux Prouinces où les tailles sõt perfonnelles, lefquelles ne fe payent au lieu de la fituatiõ des heritages, mais feulemẽt au lieu de la demeure des taillables.

La 5. que les Ecclefiaftiques font taxez aux tailles pour *Piece cottee N. N.*
leurs biens ruraux ; ce qui ne fe practique au pays où les
Tailles font perfónelles, auffi feroit-ce vn facrilege fi elles
n'eftoient reelles en Dauphiné, de cottifer vn Preftre, veu
que fa dignité furmonte d'autant la Nobleffe que le ferui-
ce qu'il fait à Dieu furpaffe de beaucoup celuy que l'on
peut rendre aux hommes.

La 6. les Liures Cadaftres & Regiftres des Villes & *Piece cottee L. L.*
Villages, contenans la defcription des fonds & poffeffions
rurales, leurs affiettes, eftenduës, confins valeur & eftima-
tion : Suiuant lefquelles on impofe de tout temps dans
ladite Prouince, font preuues tres certaines de la realité,
d'autant que dans iceux toutes les terres & poffeffions rurales de chaque Parroiffe font enregiftrees, & les poffef-
feurs d'icelles, fur le pied de leur apreciation cottifez au
fol la liure au lieu de la fituation des heritages.

La 7. preuue fe tire des actions reelles & hypothecaires
qu'on intente en jugement dans ladite Prouince pour le
payement de la Taille en laquelle les particuliers font
taxez : Car fi le proprietaire a vendu le fond qui doit la
Taille fans l'auoir payee, le Collecteur n'agira pas contre
luy : mais contre l'achepteur du fonds cottifé, lequel demeure obligé au payement d'icelle, quand mefme il feroit
de condition noble ou exempte, & par ainfi la Taille ne
fuit pas la perfonne, mais le fond.

B ij

Stat. Delph,
fol. 61.
Piece cottee
E.

La 8. preuue se tire de l'acte du transport de Dauphiné fait par Humbert Dauphin au Roy Philippes de Valois en l'annee 1343. par lequel ledit Dauphin se reserue la iouys-sance de tous les biens qu'il acquerroit apres led. trâsport. Et au cas, dit-il, qu'il acquiere des terres, prez, moulins & autres biens non nobles; Veut qu'il luy soit permis de leur donner ban iusqu'à soixante sols & au dessous, dont l'on collige qu'vn Noble acquerât vn fond rural ne le pouuoit pour lors exempter, comme on le pretend à present: car si cela eust esté de droict commun, le Prince n'auoit besoin de s'en reseruer la faculté par vn droict special de luy don-ner ban iusques à 60. sols, afin de rural qu'il estoit auparauant, le rendre Noble à l'aduenir. De là on doit tirer consequence de la realité des Tailles establie pour lors ; Car en donnant vn ban aux Terres ruralles, ce n'estoit que pour commuer la charge de la Taille en celle du ban & arriere ban, à laquelle les biens nobles sont assuiettis.

Stat. Delph.
part. 2. fol.
18. verso.

La 9. resulte du cahier presenté par le Procureur des trois Estats en l'an 1462. auquel temps fut faite la derniere reuision, par lequel on remarque vrayement la realité des Tailles,& qu'il n'y auoit que les fiefs & arriere-fiefs qui en fussent exempts; d'autât qu'il est fait plainte que plusieurs habitans possedans rentes, estoient pour icelles tirez aux Tailles, & pour les mesmes côtrainas d'aider aux armees, quand elles se mettoient sur pied : A ces causes le Procureur desdits Estats requist que tels possesseurs de rentes fussent tenus quittes desdites armees, puisque d'ailleurs pour les mesmes rentes ils contribuoient ausdites Tailles. Surquoy fut respódu que l'Ordónance du Roy Louys XI. du 5. Octobre 1452. seroit suiuie, qui porte ces termes : Que au regard desdits rentiers, que combien qu'ils posse-

daſſent rentes , ou autres choſes particulieres , eſtans des
fiefs ou arriere-fiefs nobles , & n'eſtoient en chef comme
Chaſtel, Ville, ou Village, Maiſon noble , ou choſe ſemblable, pour laquelle principalement ſe doit nómer & fait
le fief ou autrement, ils en payeroient les Tailles, aydes &
ſubſides pour la valeur deſdites rentes, comme des autres
choſes cómunes dudit pays, & que deffenſes leur ſeroient
faites de s'armer pour raiſon d'icelles. De cette Ordonnance l'on tire cette conſequence, qu'il n'y auoit pour lors
de Noble & exempt que les fiefs & arriere-fiefs en chef,
& quiconque les poſſedaſt, ſoit qu'il fuſt Noble ou Taillable , eſtoit exempt de contribuer pour iceux aux Tailles
& ſubſides , partant ce n'eſtoit la perſonne qui donnoit
cette exemption, mais bien le priuilege du fief ou arriere-
fief, la preuue de cela ſe tire de l'art. 1. de la Tranſaction
des annees 1553. & 1554. par laquelle il eſt porté que les
Archers demeureroient contribuables pour tous leurs
biens , ſi ce n'eſt qu'ils n'euſſent achepté quelque fief qui
fut tel qu'il priuilegiaſt de droict. Autre preuue ſe tire du
cahier de l'annee 1579 , par lequel il eſt ordonné que le
fief ne pourroit donner à l'aduenir titre ny priuilege de
Nobleſſe qu'il ne fuſt de cinq cens liures de reuenu.

La 10. & derniere preuue de la realité ſe tire des Roolles
d'arriere-bans que les Nobles ont fait entr'eux és annes
1557. 1579. 1580. & 1588. pour payer leur part des frais
de la guerre & charges extraordinaires de ladite Prouince
pour raiſon de leurs fiefs & biens nobles ſeulement, ayant
meſme compris dans les meſmes Roolles les gens du tiers
Ordre pour quelques fonds & rentes nobles qu'ils poſſe-
doient. Ce qui fait voir clairement que les charges ſont
puremēt reelles dans ladite Prouince, puis qu'elles ſuiuent

Pieces cot-
tees N.

la qualité du fond, & non de la perſonne, eſtant incompatible de dire qu'elles ſoient reelles pour les Nobles, &
perſonnelles pour les roturiers, d'autãt que les Nobles cot-
tiſans ceux du tiers Eſtat en leurs arriere-bans, non pour
leurs perſonnes, mais pour leurs biens nobles qu'ils poſſe-
doient : Ils ont fait voir que ledit ban eſtoit vne charge
reelle pour eſtre aſſiſe ſur le fond noble, d'où s'enſuit que
la Taille eſt auſſi reelle pour eſtre impoſee ſur le fond rural, & cóme leſdits Nobles ont cottiſé en leurs arriere-bans
ceux du tiers Eſtat pour les fiefs & biens nobles qu'ils poſ-
ſedoient, par indentitez de raiſons leſdits Nobles doiuent
eſtre cottiſez pour les biens ruraux qu'ils ont acquis des
taillables, *quod quiſq; iuris in alium ſtatuerit eodem ipſe vtatur.*

Mais S I R E, quoy que ces marques de Realité ſoient
plus que ſuffiſantes pour faire declarer les Tailles puremẽt
reelles en voſtre païs de Dauphiné, voſtre peuple ſe trouue
encores fondé de tiltres & cóſentemens pour l'obtenir de
Piece cottée X. V. Majeſté : En l'an 1591. les Eſtats generaux de ladite
Prouince ayans eſté conuoquez dans la ville de Grenoble
ſur la propoſition qui fut faite de cóprendre aux tailles les
biens acquis 20. ans auparauant par les Nobles & exempts,
il fut reſolu qu'il en ſeroit fait article au cahier general que
l'on preſenteroit à ſa Majeſté pour luy en faire particuliere
requiſition, & pour ſpecialement faire cómettre des Iuges
non ſuſpects, auſquels fuſſent donnez la connoiſſance des
procés qu'on intenteroit pour faire cóprendre aux Tailles
tous ceux qui s'eſtoient ennoblis ou exemptez 20. ans
auparauant, & pour les biens roturiers par eux acquis depuis ledit temps; nonobſtant oppoſitions ou Arreſts donnez au contraire. Dequoy le Procureur du pays fut chargé de faire la pourſuitte, & par meſme moyen ſupplier la

Cour de Parlement de s'abſtenir du Iugement deſdits procés intentez, & à intenter.

En l'an 1592. dans l'aſſemblee des Eſtats generaux de ladite Prouince fut faicte autre concluſion de cottiſer & cóprendre à l'aduenir aux Tailles tous les biens ruraux que les Nobles acquerroient ; Mais l'execution deſdites concluſions ayant eſté empeſchee par les Officiers de ladite Prouince, le tiers Ordre le 3. Iuillet 1593. preſēta Requeſte à la Cour de Parlement dud. pays ſur deux chefs : Pour le 1. concernant la leuee des deniers ſur le peuple, il fut repreſenté que par l'ordre ancien obſerué dans ladite Prouince, il ſupportoit ſeul le payement des deniers de l'Octroy, & du Taillon : Et qu'au ſurplus des autres charges tous les Ordres de ladite Prouince y contribuoient : Pour le 2. que les grādes acquiſitions faites par les deux premiers Ordres les frequētes Lettres d'ennobliſſement verifiees, & le nombre exceſſif des Officiers iouyſſans d'exemption, auoient reduit au quart les fonds ruraux qui cópoſoient les quatre mil ſept cens cinquante feuz de ladite Prouince, & ce qui reſtoit ſupportoit toutes les charges d'icelles, tant pour le chef que pour les fonds acquis & poſſedez par leſdits Nobles & exempts, cótre tout Ordre : Voſtre Cour de Parlement ayant ordóné que ladite Requeſte ſeroit monſtree à voſtre Procureur General, le ſieur de la Croix Cheurieres, Aduocat General audit Parlement, par ſes cócluſions, requiſt que les deniers qui ſeroient neceſſaires pour les frais de la guerre, fuſſent leuez ſur le ſel, ou ſur autres eſpeces de danrees & marchandiſes, d'autant que par ce moyen tous les trois Ordres dudit pays entreroient auſdits frais, & pour coupper chemin aux acquiſitiós des biens ruraux, requiſt que toutes terres, prez, bois, vignes, pieces, proprietez qui feroient cy-apres acquifes, fuffent declarees fubiettes au payemēt de toutes Tailles quelles qu'elles fuffent, pour eftre impofez en icelles : Mais voftredite Cour de Parlement, au lieu de faire droiĉt fur les conclufions dudit Aduocat General, prifes en confequence des deux precedentes refolutions des Eftats generaux, Ordonna que ladite Requefte feroit monftree à la prochaine tenue des Eftats, aux deux premiers Ordres & Confuls des Villes, priuants par ce renuoy le peuple du fruiĉt defdites Conclufions, pour eftre Iuges, auffi bien qu'ils eftoient parties en l'execution d'icelles.

Piece cottée
I.

Contre ces confentemens & marques de Realité, voftre Nobleffe & les Officiers de voftre Parlement & Chambre des Comptes dudit pays, fe feruent des Declarations, Arrefts, Tranfaĉtions, & autres pieces fuiuantes.

Premierement, de la Declaration faite par Humbert Dauphin, en l'an 1349. portant que les hommes Liges des Eglifes, Nobles & Vaffaux ne pourroient eftre côtrainĉts de faire coruees, & payer Tailles au Dauphin, finon en cas d'vtilité ou neceffité des lieux où ils habiteroient.

Stat. Delph.
fol. 38. verfo.

II. De l'Ordonnance generale de Charles VI. de l'an 1408. faiĉte en faueur de la Nobleffe de France.

III. De l'exemption accordee au Confeil Delphinal & Chambre des Comptes dudit pays, par le Sieur de Gaucour Gouuerneur de ladite Prouince, le 25. Auril 1443. confirmee par Charles VII. en l'an 1434. & d'vn autre de Louys XI. en l'an 1447.

Stat. Delph.
fol. 126. &
part. 2. fol.
21.

IV. De l'exemption donnee par ledit Louys XI. en l'an 1447. & 1467. aux Nobles Noblement viuans du don gratuit à luy accordé par ledit pays de Dauphiné.

V. De la Conclufion des Eftats de l'an 1538.

VI. Des

VI. Des tranſactions des annees 1553. & 1554. & Lettres Patentes de l'an 1556.

VII. De la Reſponſe au cahier preſenté à la Royne Catherine de Medecis, en l'an 1579. *Piece cottée M.*

VIII. De l'Arreſt du Conſeil du 15. Auril 1602. *Piece cottee Q.*

Reſpondant par Ordre auſdites obiections, & premiere-ment à l'exemption donnee par ledit Humbert Dauphin, *Stat. Delph. fol. 38. ver-ſo.* aux hommes Liges des Egliſes, Nobles, & Vaſſaux, de toutes coruees & Tailles à luy deuës, côme Dauphin. Voſtre peuple reſpond, que tel affranchiſſement ne ſe doit entendre que des Tailles ordinaires Comtales, leſquelles ledit Humbert Dauphin s'eſtoit reſerué par ſa Declaration de *Stat. Delph. fol. 88.* l'annee 1341. d'autãt qu'il n'eſtoit raiſonnable que les hommes Liges qui releuoient des Seigneurs Hauts-Iuſticiers, & auſquels ils deuoient de pareilles Tailles, coruees & autres droicts ſeigneuriaux fuſſent encores obligez aux coruees & Tailles deuës audit Dauphin ; Et pour preuue que cette exemption ne ſe doit entẽdre que deſdites Tailles Comtales, leſquelles ledit Dauphin s'eſtoit reſerué par ſadite Declaration, de l'an 1341. & deſchargé des autres generale-mẽt tous ſes ſubjects de quelque qualité qu'ils fuſſent, c'eſt qu'immediatement apres le Dauphin, declare non ſeulement leſdits hommes Liges, mais encores tous les autres hommes ſubjects de Dauphiné, de quelque qualité qu'ils *Stat. Delph. fol. 38. ver-ſo.* fuſſent francs & immunes de toutes autres Tailles eſtablies à la forme qui les auoit deſchargez par les Contracts receus par le Notaire ſoubs-ſigné, qui eſt le meſme qui auoit receu la ſuſdite Declaration de l'an 1341. par laquelle ledit Dauphin ſe reſerue ſeulement la Taille ordinaire Comtale, & des autres en exempte tous ſes ſubjects.

Contre l'Ordonnance de Charles V. on reſpõd que telle

Ordonnance n'a esté verifiee en voſtre Parlement de Dau-
phiné, d'autant qu'en l'an 1408. qu'elle fut faite , les Roys
Dauphins vos Predeceſſeurs ne leuoient aucunes Tailles en
Dauphiné, ains ſe contētoient du don gratuit que les trois
Eſtats leurs faiſoient de temps en temps,en reconnoiſſance
de leur Souueraineté : Au payemēt duquel tous les Ordres
contribuoient, cōme il ſe iuſtifie par la Patante de Charles
V. ſon ayeul , lequel en l'an 1367. donna permiſſion aux
Stat. Delph. trois Eſtats de leuer ſur eux la ſomme de trente mil florins
fol. 100. pour le don gratuit qu'ils luy vouloient faire.
verſo.

    Contre la 3. concernant l'exemption accordee aux Of-
ficiers du Co nſeil Delphinal & Chambre des Comptes par
le ſieur de Gaucour Gouuerneur de ladite Prouince , en
l'an 1433. Confirmee par Charles VII. en l'an 1434. Et
Louys XI. en l'an 1447. Voſtre peuple dit qu'vn Gouuerneur n'a peu bailler à ſon preiudice cette exemption , que
dans cette piece produite par la Chámbre des Cómptes,
ſous la cotte C. il ne ſe trouuera point qu'elle aye eſté ſignee
par ledit ſieur de Gaucour , ny par aucun Secretaire de ſa
part ; Qu'elle eſt nulle, puis qu'il eſt porté par icelle qu'elle
a eſté faite *ad relationem Conſilij.* Et partant eux-meſmes ſe
ſont donnez cette exemption. Qu'il reſulte de ladite piece,
que 20. annees auparauant, les Officiers dudit Conſeil , &
Chambre des Comptes, auoient eſté taxez aux Tailles , &
quant aux Confirmations de cette exemption faite par
Charles VII. & Louys XI. ce ſont pieces qui ont eſté donnees ſans ouyr les intereſſez, leſquelles n'exemptent leſdits
Officiers, qui n'eſtoient que dix pour lors ; ſçauoir, ſept du
Stat. Delph. Conſeil Delphinal, & trois de la Chambre des Comptos,
fol.55.verſo. ſinon des dons & ſubſides à eux deubs, comme Dauphins,
qui n'eſtoient autres que le don gratuit que les trois Eſtats

leurs faifoient de temps en temps.

Contre la quatriefme concernant l'exemption donnee par Louys XI. és annees 1447. & 1467. aux Nobles no- blement viuans du don gratuit qu'il luy eftoit accordé par les trois Eftats de ladite Prouince. Stat. Delph. fol. 126. & part. 2. fol. 21.

On refpond qu'abufiuement les fieurs de la Nobleffe ti- rent leurs exemptions de cette claufe, d'autant que ce qui a efté vne fois accordé en faueur des Nobles qui feruoient leurs Princes dans les armees, n'a deub eftre attribué à tou- tes fortes de Nobles, & mefme à ceux qui demeurent dans leurs Maifons, pendant que voftre Majefté eft en perfonne dans fes armees, pretendans que viure Noblement, c'eft viure purement de fon reuenu, fans faire aucun cómerce, ny exercer Charges viles, dérogeantes à Nobleffe : Mais ce n'eftoit pas l'intention de ce genereux Roy, non plus que celle de V. Majefté, de donner l'exemption à cette forte de Nobles : ains feulemét à ceux qui le feruoient en perfonne dans fes armees, & autres occafiós d'hóneur où ils eftoient employez, comme le Roy Charles VII. fon pere à Sarci, en Iuin 1445. art. 1. & 6. & à Chinon, en Auril 1459. arti- cle 10. l'auoit declaré auparauant : Ordonnant que les No- bles viuans Noblement, fuiuant les armes, ou qui par vieil- leffe ne les pouuoient plus fuiure, feroient feulement exempts de la contribution des Tailles.

La 1. preuue de cela fe tire du cahier prefenté par le Procureur des trois Eftats, en l'an 1462. où fur la demande qui fut faite, que tous les exempts & affranchis euffent à contribuer au payement du don gratuit : De l'aduis de vo- ftre Parlement de Grenoble, il fut ordonné que tous les exempts & affranchis contribueroient audit don, excepté feulement les Nobles qui exerçoient armes qui en eftoient exempts, d'où l'on infere que les Nobles qui ne portoient les armes, & ne feruoient leurs Princes aux occafions de guerre eftoient contribuables audit don gratuit.

La 2. preuue, que telles exemptions ne fe dónoient aufdits Nobles qu'à cette confideration. C'eft que le mefme Priuilege fut accordé aux Francs-Archers qui eftoient perfonnes du tiers Eftat, lefquels portoiét les armes, & eftoient entretenus aux defpens des Villes & Cómunautez de voftre Prouince, qui eftoient obligees en cas que la Nobleffe

feruift en perfonne, de fournir de fix en fix feuz vn Franc-Archer, lequel en cette cófideration eftoit exempt de toutes charges & fubfides qui fe leuoient au lieu de fa demeure, & reputé viure Noblement, à caufe de la profeffion des armes, qu'il faifoit iufques au temps des tranfactions des annees 1553. & 1554. par lefquelles ils furent pour lors feparez du Corps de la Nobleffe.

La 3. preuue fe tire de l'Arreft rendu par voftre Cour de Parlement de Grenoble en l'an 1510. rapporté par François Marc Confeiller en icelle, en fa Decifion 457. n. 28. par lequel ladite Cour condamna les Nobles à payer leur part des viures & eftappes fournies à l'Armee de Louys XII. allant en Italie, & exempta feulement de cette ccntribution les Nobles qui eftoient en lad. Armee; *Exceptis certis nobilibus, qui in armata recefferüt, ne duplici onerè grauarétur.* Ce qui fait voir que l'exéption ne fe donnoit qu'à ceux qui eftoient en faction; Que viure Noblemét n'eft autre chofe que porter les armes, & feruir fon Roy aux occafions de guerre.

Contre la 5. qui eft la conclufion des Eftats de l'an 1538. Portant deffenfes de faire cadaftres, mefures, ou regiftres des poffeffions qui n'eftoient en couftume d'eftre enregiftrees. On refpond que cette conclufion n'induit rien en la faueur des Nobles & Officiers : Au contraire elle preuue euidemment la realité des Tailles, d'autant qu'en deffendant de faire regiftrer les poffeffions qui n'eftoient en couftume de l'eftre ; cela infere qu'il y en auoit qui eftoient enregiftrees, & d'autres non, & de dire qu'il y a des cadaftres & des poffeffions qui font enregiftrees en iceux : c'eft aduoüer purement la realité ; car aux pays où les Tailles font perfonnelles, on ne tient point regiftres des fonds & poffeffions, mais feulement du vaillant des perfonnes.

A la 6. concernant les pretenduës tranfactions des annees 1553. & 1554. & des Lettres patentes de l'an 1556. donneés en confequence d'icelles, qui font les fondemens fur lefquels les Nobles & Officiers ont efleué leurs pretendus Priuileges. On refpond que quand aux Affemblees genarales des Eftats, il eftoit queftion de former vne conclufion, deux chofes s'obferuoient : La premiere, que fi deux Ordres eftoient conformes en opinion, & que le tiers fuft entierement d'aduis contraire, quoy que les deux fuffent de mefme fentiment, il ne fe formoit point pour cela de conclufion, à caufe que le tiers eftoit entierement difcordant des deux autres. Mais s'il y auoit vne voix feule de ce tiers qui fe rangeaft à l'opinion des deux autres : en ce cas cette voix feule formoit la conclufion, laquelle eftoit couchee côme les deux l'auoient refolu. En quoy eft à remarquer l'auãtage que les deux premiers Ordres ont toufiours euë par ce moyen fur le tiers ; Car ceux qui compofoient les deux premiers Ordres, eftans toufiours les mefmes perfonnages & les plus authorifez de la Prouince, qui auoient entree aufdits Eftats. Au contraire les Deputez du tiers Ordre eftans toufiours perfonnes differétes, à caufe des charges Municipales, aufquelles ils sõt appellez pour vne annee

Piece cottee II. fol. 11.

ou deux au plus , il a esté facile aux deux premiers Ordres de faire passer dans les Estats tout ce que bon leur a semblé , puis qu'estans tousiours les mesmes & conformes en opinion, quand il s'agissoit de leur interest, il ne falloit que la voix d'vn Deputé du tiers Estat , qui par ignorance ou crainte de les desobliger , se rangeast à leur opinion pour faire passer la conclusion de la sorte qu'ils la desiroient.

La seconde est, que quand on deuoit opiner sur vn faict qui interessoit vn seul des trois Ordres , on estoit obligé d'appeller autant d'oppinans de cét Ordre qu'il y en auoit *Piece cottee* des deux autres ; Ce qui ne fut obserué en la resolution des *11. fol. 11.* susdites transactions , ausquelles les deux premiers Ordres ont tousiours surmonté le tiers en nombre , comme il se verra par la deduction qui se fera cy-apres.

Les Nobles & Officiers de vostre pays de Dauphiné ayans appris l'Arrest de la realité des Tailles rendu par le Parlement de Paris en l'an 1549. en faueur du tiers Estat de Prouence,& reconnoissans que le tiers Ordre de Dauphiné *Papon liure* auoit mesme droict & mesme forme de feuz que la Pro-*5. de ses Ar-* uence, voulurẽt par preuentiõ auoir quelque tiltre d'exem-*rests, tit. 1.* *des Tailles* ption , & pour cét effect firent tous leurs efforts dans les *& Jmposts,* Assemblees generales des Estats des annees 1551. & 1552. *art 39.* pour tirer l'adueu & consentement du peuple : mais ne le pouuant auoir dans les Assemblees generales , creurent pouuoir faire reussir plus facilement leurs desseins dans vne Assemblee particuliere, & pour cét effect firent commettre *Piece cottee* seize personnes de tous les Ordres,sçauoir quatre de la part *11.* du Clergé, quatre de la Noblesse , & huict du tiers Ordre, pour former leurs aduis sur le sujet de ladite exemption, & le rapporter apres dans l'Assemblee desdits Estats : Mais reconnoissans qu'vn des huict du tiers Ordre n'aderoit à leur

demande ; ils ne l'appellerent en ledite Aſſemblee, ains
ſeulement les ſept autres, qui n'eſtoient que ſimples Bour-
geois & Marchands : Au contraire, de la part des deux premiers Ordres eſtoient huict des plus authoriſez perſonna-
ges de la Prouince, leſquels reſolurent quelques Articles
en faueur des Nobles & Officiers, qu'ils firent rediger par
eſcrit, & coucher en forme de tranſaction ; laquelle fut ſignee par quelques Conſuls & Chaſtelains, la plus part Officiers dependans des Seigneurs de ladite Prouince.

Les Nobles & Officiers reconnoiſſans bien l'inualidité
de cette pretenduë tranſaction, voulurent la faire aggreer
aux Eſtats ſuiuans, de l'an 1554. mais voyans que leurs efforts eſtoient vains, ils eurent recours à l'authorité du
Gouuerneur de la Prouince, & de la Cour de Parlement,
afin d'obliger par reſpect, ou par crainte, ceux du tiers
Ordre, qui auoient entree auſdits Eſtats, de donner les
mains & conſentir à leur pretenduë exemption, & pour
cét effect firent que le Gouuerneur enuoya en l'aſſemblee
deſdits Eſtats ſon Secretaire, & la Cour de Parlement le
Procureur General de voſtre Majeſté, pour ſçauoir à qui il
tenoit que l'appoinctement ne ſe fiſt, & pour faire rediger
par eſcrit & faire ſigner les opinions d'vn chacun, ce qui
fut cauſe que pluſieurs changerent d'aduis, & que le len-
demain ſeize perſonnes du tiers Ordre, ſans aucun pouuoir
deſdits Eſtats, auec ſeize Eccleſiaſtiques, & vingt-huict
Deputez de la Nobleſſe, firent vne ſecõde tranſaction, par
laquelle les Nobles viuans Noblement, fureut declarez
exempts pour tous leurs biens ruraux de toutes contributions. Que les Officiers de voſtre Cour de Parlement, &
Chambre des Comptes demeureroient exempts cõme ils
auoient eſté iuſques alors : Et quand aux gens d'Egliſe,

*Concluſion
de 1554.
Cottee I l.
fol. 1. verſo
& 8.*

Corps, Colleges, ou Chapitres, feroient exempts pour lès biens de leurs anciennes dotations, mais qu'ils contribue-roient aux Tailles, pour raifon de leurs biens ruraux.

Et d'autant que ces tranfactions ainfi faites eftoient nul-les, & ne pouuoient fubfifter, les Nobles & Officiers les voulurēt faire authorifer en l'an 1556. par le Roy Henry II. ce qui leur fut fort facile, d'autant que le tiers Eftat n'ayant efté ouy, ny appellé : Et le Confeil du Roy ayant veu les pretendus confentemens portez par lefdites tranfactions, il ñe fit point de difficulté de pronõcer à la forme d'iceux, ne croyant point faire tort au tiers Eftat, de le condamner fuiuant fes offres & confentemens que l'on prefuppofoit, & de declarer les Nobles exempts de contribuer aux Tailles, & pour le regard des Ecclefiaftiques, ordonner qu'ils fe-roient feulement exempts du don gratuit & commutation d'vftanciles de la gendarmerie, & qu'ils contribueroient au furplus comme les autres Taillables de ladite Prouince: & quand aux Officiers de la Cour de Parlement & Cham-bre des Comptes, le Roy par lefdites Lettres, ne voulut rien prononcer en leur faueur.

La deduction faite de la forme en laquelle ces preten-dues tranfactions ont efté paffees, refte à examiner fi elles font vallables, & fi ce qui s'en eft enfuiuy peut fubfifter.

La premiere nullité qui fe prefente eft, qu'en la refolu-tion d'icelles, l'Ordre ancien des Eftats ne fut obferué, qui obligeoit, quãd il eftoit queftion de deliberer d'vn affaire concernant vn Ordre feul, d'appeller autant d'oppinants de cét Ordre, qu'il y en auoit des deux autres. Ce qui ne fut faict en l'Affemblee particuliere de l'an 1553. pour for-mer les aduis qui donnerent lieu à la tranfaction de la mefme annee, d'autant que feize perfonnes ayans efté

nommees

nommees à ce suject ; sçauoir, quatre pour le Clergé, quatre pour la Nobleſſe, & huict pour le tiers Ordre, ſept ſeulement du tiers Ordre y aſſiſterent, le huictieſme n'y fut appellé, lequel en fiſt plainte aux Eſtats de la meſme annee. *Piece cottee II. fol. 10.* Qu'aux Aſſemblees de l'an 1554. il reſulte que la concluſion fut faite par la pluralité des voix, & que de ſeptante-cinq perſonnes qui y eurent voix deliberatiue, il y en auoit ſeize du Clergé, trente-ſix de la Nobleſſe, & vingt-trois ſeulement du tiers Eſtat, de ſorte qu'il y eut vingt-neuf voix plus des deux premiers Ordres que du tiers.

La ſeconde nullité qui ſe rencontre eſt, que les voix ne furent libres és Aſſemblees deſdits Eſtats, & que ceux qui n'eſtoient du ſentiment des deux premiers Ordres, furent *Piece cottee II. fol. 15.* appellez par eux ſeditieux, & menacez de les pourſuiure deuant le Roy, & le Gouuerneur de la Prouince, afin que deffenſes leur fuſſent faites de plus entrer auſdits Eſtats. Que le Gouuerneur de ladite Prouince enuoya ſon Secretaire, & la Cour de Parlement voſtre Procureur General, pour eſtre preſens lors qu'on delibereroit de ce different, *De la meſme, fol. 1. verſo. 8.* & pour faire rediger par eſcrit, & ſigner à vn chacun ſon opinion, afin de ſçauoir à qui il tenoit que ledit appointement ne ſe fiſt, ce qui fut cauſe que pluſieurs, de crainte de deſplaire au Gouuerneur, & de s'attirer la haine de voſtre Parlement, changerent d'aduis, & conſentirent à tout ce que les Nobles & Officiers requirent d'eux.

Le troiſieſme eſt, que ceux qui paſſerent leſdites tranſactions n'eurent iamais aucun pouuoir des Villes & Villages deſquels ils eſtoient Deputez, & quand meſmes ils *L. nulli permittitur D, quod cuiuſque vniuerſit. & l. 2, C. de deour, lib. 10.* l'auroient eu, elles ſeroient touſiours nulles, d'autant qu'en ce qui regarde le payement de la Taille, il n'eſt pas au pouuoir de qui que ce ſoit, d'en traiter, & par des conuen-

D

tions generales ou particulieres defcharger les fonds qui y font fujeꞔts, *conuentiones enim circa tributorum præftationem, vel exemptionem etiam inter pafcifcentes non valent , nec etiam confuetudo.*

De forte que fes tranfaꞔtions eftans nulles de faiꞔt & de droiꞔt, tout ce qui s'en eft enfuiuy eft pareillemēt nul, mefmes la confirmation de 1556. *quia qui cōfirmat nil de nouo dat.*

Ioinꞔt que le Roy en cinq diuers endroiꞔts defdites Lettres de l'an 1556. ne prend autre mouuement pour confirmer l'exemption defdits Nobles, que l'offre & confentement du peuple , lequel ayant efté extorqué par artifice & contre les formes anciennes d'vn petit nombre de perfonnes fans charge, & qui ne furent iamais aduoüez, le fondement eftant de foy ruineux, ce qui a efté fait en confequence ne peut conferuer longuement fon eftre, *quafi deftructo fundamento aꞔtus corruat.*

Mais afin de donner quelques preuues de la foibleffe defdites tranfaꞔtions qu'on a tenues cachees de peur d'vn defadueu general qui fut faiꞔt par le tiers Ordre aux Eftats generaux des annees 1593. & 1594. C'eft que nonobftant que par icelles les Nobles foient declarez exempts, ils ont neantmoins contribué plus de quarante annees apres aux charges de la Prouince, comme il eft iuftifié par plufieurs conclufions faites dans les villes de Grenoble & Valence des annees 1564. 1565. 1568. 1569. 1570. 1574. 1575. & 1588.

Par autres conclufions des Eftats generaux dudit pays, des annees 1565. 1575. 1576. 1580. 1581. & 1588.

Plus, par quatorze Commiffions de Tailles appellees Lançons, homologuees par le Parlement, & Chambre des Comptes dudit pays, des annees 1577. 1579. 1580. 1581. 1589. & 1592.

Et par quatre Roolles d'arriere-bans que lesdits Nobles *Piece cottée*
ont leuez sur eux pour leur part des frais de la guerre, des *N.*
annees 1557. 1579. 1580. & 1588.

Venant à la 7. obiection fondee sur le cahier presenté
à la Royne Mere Catherine de Medicis en l'an 1579. il
est notoire que le tiers Ordre ne payant annuellement que
le don gratuit aux Roys vos predecesseurs, & luy ayant
esté imposé la somme de vingt-sept mil liures pour le Taillon & commutation d'vstanciles de la gendarmerie de
France, il forma plainte à la Royne, & requit en estre deschargé, ou en tout cas, que ladite somme fust leuee sur le
general de ladite Prouince. La Royne voulant fauoriser les *Piece cottée*
deux premiers Ordres, ordōna que suiuant les transactions *M.*
des Estats dudit pays, le don gratuit & commutation
d'vstanciles seroit supporté par le peuple : Mais en eschange
elle condamna le Clergé, & la Noblesse à contribuer par
decimes & arriere-bans, aux autres charges de la Prouince,
& que pour les frais de la guerre ils consentiroient à vne
imposition sur le sel, telle qui seroit iugee necessaire à ce
sujet. Et quant aux Presidens & Conseillers de la Cour de
Parlement, Presidens & Maistres des Comptes de la
Chambre dudit pays, qui seroient pourueus cy-apres, elle
ordonna qu'ils ne jouyroient des Priuileges d'exemption,
sinon apres la reduction qui seroit faite desdits Officiers,
suiuant l'Edict d'Orleans, par lequel en l'art. 30. ils sont reduits au nōbre qu'ils estoient du temps du Roy Louys XII.
Et pour les Thresoriers de France, qu'il n'y auroit que le
plus ancien qui jouyst de l'exemption ; ce qui fait voir clairement que lesdits Nobles & Officiers, hors le don gratuit
& commutation d'vstancilles, qui est la charge ordinaire
de la Prouince, doiuent contribuer en toutes les autres

charges extraordinaires & communes, nonobſtant leurs pretendues tranſactions, & Lettres patentes obtenues en conſequence.

Quant à la huictieſme & principale obiection fondee ſur l'Arreſt du 15. Auril 1602. par lequel les Nobles dudit pays, viuans Noblement, tant de longue que de courte-Robbe, ſont declarez exempts de toutes impoſitions & contributions pour leurs biens, tant Nobles que Ruraux, qu'ils auoient, & pourroient auoir cy-apres, conformément aux ſuſdites Tranſactions, & Lettres ſuiuantes ; Comme auſſi les Preſidens, Conſeillers de la Cour de Parlement, les Preſidens & Maiſtres de la Chambre des Comptes dudit pays, le plus ancien Threſorier, auec le Vibailly de Griſiuodan, & les quatre Docteurs Regens en l'Vniuerſité de Valence. On reſpond que c'eſt vn Arreſt du temps, rendu par conſideration d'Eſtat, ſur des foibles fondemens tels que les ſuſdites tranſactions. Que cét Arreſt deſtruit pluſtoſt qu'il n'edifie, par la liberté qu'il à donnee aux Nobles & Officiers exempts, de poſſeder tous les biens Ruraux, ſans en payer aucune Charge, Priuilege qui aneantit entieremét les Finances de voſtre Majeſté dans ſa Prouince, retarde ſon ſeruice, ruine & deſole ſon pauure peuple, d'autant qu'il n'eſt plus queſtion pour s'exempter du payement de la Taille en Dauphiné, de meriter par vertu & ſeruices des Lettres d'Ennobliſſement, mais ſeulement achepter vn Office exempt, faire vne vente ou donation ſimulee de ſon bien, ou marier ſa fille à vn Cadet Noble, qui pour tout heritage, n'ayant que cette qualité, met tous les biens qui luy ſont donnez, à couuert de la Taille, pluſieurs peres violans les droicts de nature, ayans priuez leurs maſles & legitimes ſucceſſeurs de leurs biens, pour les bailler à vn gendre, à caufe de l'exemption, reiettant par ce moyen la Taille de leurs fonds fur le refte des habitans de la Communauté, où ils font fituez, qui par impuiffance de payer, font contrainĉts de les vendre ou les donner aufdits Nobles & exempts.

D'ailleurs, qu'au téps dud. Arreft, le feu Roy voftre Pere, ne retiroit annuellemét de lad. Prouince, que la fomme de 20. mil liures pour le don gratuit, & 27. mil 500. liures pour le taillon & commutation d'vftanciles, que les autres charges dudit pays eftoient leuees fur la Ferme des Gabelles, de laquelle la Prouince auoit eu de tout téps l'adminiftration, & fe l'eft conferué iufqu'en l'an 1628. que V. Majefté l'a oftee audit pays pour la mettre en fon Efpargne. De forte qu'au téps dud. Arreft, ne retirant cóme rien de lad. Prouince, au contraire y enuoyant annuellement de fon Efpargne pour l'entretien de la Garnifon du Fort de Barraut, il luy eftoit comme indifferend que les Tailles fuffent reelles ou perfonnelles, & par qui elles fuffent payees & fupportees, conferuant cette Prouince frontiere, comme le Laboureur la haye de fon champ, laquelle il cultiue foigneufement, quoy qu'elle ne luy rapporte aucun fruiĉt; parce qu'elle luy fert pour deffendre & garentir les bónes plantes du mefme champ. Mais à prefent que voftre Majefté retire annuellement de fadiĉte Prouince plus de feize cens mil liures, toutes charges faiĉtes : fçauoir, fept cens cinquante mil liures de la ferme des Gabelles, deux cens cinquante mil liures de la Doüane de Valence, & fix cens mil liures de la Taille, outre la creuë, & l'extraordinaire, il faut de neceffité, que tant par fa Iuftice ordinaire, que pour fon propre intereft, elle reigle & modere les abus & defordres que lediĉt arreft a rapporté en exemptant de la Taille tous les biens ruraux que les Nobles & Officiers peuuent poſſeder, leſquels par ce moyen rejettent toute la charge ſur voſtre peuple, qui eſt en impuiſſance de la ſupporter.

Mais à bien examiner cét arreſt qui s'eſt détruit de ſoy-meſme, voſtre Majeſté verra qu'il n'a eſté executé qu'en ce qu'il fait contre le peuple, & au contraire, ce qu'il ordonne en ſa faueur a eſté en partie viollé, & en partie eſt demeuré ſans execution.

Les deux premiers Ordres & Officiers par lediɗ arreſt, ſont condamnez de contribuer à l'entretenement des murailles, chemins, ponts, paſſages, fours communs, & autres cas de droiɗ : mais au lieu de ce faire ils en ont rejetté le payement ſur voſtre peuple, comme des murailles, fortifications, pont neuf de la ville de Grenoble, reparations communes des chemins, frais des entrees de voſtre Majeſté, & autres cas de droiɗ, dont le peuple ſeul a ſupporté la deſpenſe.

Par le meſme Arreſt il eſt ordonné, pour pouruoir à la foulle & deſordre que la multitude des Officiers rapportoit en ladite Prouince, que ſuiuant le Reglement de la Royne Catherine de Medicis de l'an 1579. Declaration ſeroit enuoyee, portant ſuppreſſion des Offices, iuſques à ce qu'ils fuſſent reduits au nombre porté par ladite Declaration : Mais tant s'en faut que cela aye eſté executé, qu'au contraire par l'eſtabliſſement d'vne Cour des Aydes d'vn Bureau, de Threſorier de France, & diuerſes creuës d'Officiers exempts, en la Chambre des Comptes, le nombre s'eſt accreu depuis, iuſques à cent cinq Officiers, qui ſe pretendent exempts.

Pieces cottees V.

Le meſme Arreſt ordonne la recherche des faux Nobles de quarante ans au delà, & reuocque tous les ennobliſſe-

mens faicts vingt ans auant l'Edict de l'an 1598. Mais cela
n'a esté non plus executé, au contraire, on a depuis verifié
tous les parchemins de Noblesse qui se sont presentez iusques au nombre de cent trente-deux, ce qui a esté faict *Pièce cottée*
contre la responce à l'article dix-neuf, du cahier presenté *V.*
au feu Roy en l'an 1593. regистré audit Parlement de
Grenoble, par laquelle sa Majesté declare, que venant ac- *Pièce cottée*
corder quelques Lettres d'ennoblissement, il vouloit qu'on *Z.*
n'y eust aucun esgard à l'aduenir.

Mais quoy que ces contrauentions fassent voir clairement comme cét Arrest n'a iamais esté executé qu'en ce
qu'il ordonne contre le peuple, si est-ce toutes-fois que de
la teneur d'iceluy on remarquera l'intention que sa Majesté
a eu de remettre tous les fonds ruraux à la Taille, & les
cadastrer à perpetuité.

La premiere preuue se tire de ce qu'il est accordé aux
gens du tiers Estat, de pouuoir rachepter les fonds, rentes,
& heritages par eux allienez aux Nobles depuis l'an 1588.
en remboursant aux acquereurs le sort principal & loyaux
cousts, à la charge que les biens ruraux cy-deuant acquis
& possedez par les Nobles & exempts, retournans és mains
de ceux du tiers Estat, seroient de nouueau imposez aux
tailles au lieu de leur situation, quelque laps de temps qu'il
y eust eu au contraire : de là on doit tirer consequence de
l'intention que sadite Majesté auoit de remettre tous les
biens ruraux à la Taille. Mais vostre pauure peuple n'ayant
eu moyen de faire le rachapt d'iceux, cette grace luy a esté
infructueuse, d'autant que depuis, par la continuation des
charges, il a esté contrainct de vendre partie des biens qui
luy restoient.

L'autre preuue resulte de ce que ledit Arrest ordonne

que dans fix mois apres il feroit procedé à nouuelle reuifion & efgallation des feuz de ladite Prouince ; qui eft en
effect ordõner vn encadaftrement general des fonds taillables : Car à quoy bon d'ordonner vne reuifion, finon pour
rendre le pied des fonds, & des feuz fixe & certain, pour
fupporter à l'aduenir le payement des Tailles, fans pouuoir
eftre changé ny alteré en façon quelconque : d'autant que
fi fa Majefté l'euft entendue autrement, en vain l'euft-elle
ainfi ordonné, fi apres cette égallation ou reuifion faite, vn
Noble acquerant vn fonds taillable, ou vn du tiers Eftat
poffedant de grands biens, & acheptant vn Office exempt,
euffent peu troubler ladite reuifion : Ce que les deux premiers Ordres reconnoiffans, & que cette reuifion eut faict
voir clairement leurs grandes & exceffiues acquifitions, ils
la firent differer par les principaux Officiers de ladite
Prouince qui en eurent la Commiffion, lefquels firent refus
de proceder, quoy qu'il leur fuft depuis enjoint d'y trauail-
ler fans difcontinuatiou.

Pieces cot-
tees R. & S.

Mais Sire, à bien examiner cét arreft, il fe trouuera
auoir de la contradiction en droict & en faict.

La contradiction de droict fe tire de ce que les Ecclefiaftiques & gens du premier Ordre font declarez taillables pour leurs biens ruraux, & que les Nobles & Officiers
demeurent exempts pour les leurs; ce qui eft contraire à
l'ordre & police de tout Eftat bien reiglé, d'autant que les
Ecclefiaftiques, par la dignité de leur profeffion, meritent
d'eftre plus priuilegiez que les autres. Ce qui fait voir que
l'exemption que les Nobles & Officiers fe font fait attri-
buer par les tranfaction des annees 1553. & 1554. n'ont eu
autre fondement que le confentement de quelques particuliers qui ne l'ont peu donner au preiudice de tout voftre
peuple.

peuple. Ce que le Roy Henry II. reconnoiſſant bien, & la contradition qu'il y auoit, que le premier Ordre fuſt con-tribuable, & le ſecond demeuraſt exempt, ne donna par ſeſdiĉtes Lettres patantes de l'an 1556. autre raiſon de l'exemption deſdits Nobles, que les offres & conſente-mens du peuple, ce qu'il reïtere en cinq diuers endroits deſdites lettes.

La contradition du fait reſulte de ce que par ledit Arreſt les tailles ſont declarees perſonnelles, pour les Nobles & Officiers, & reelles pour les Eccleſiaſtiques & gens du tiers Ordre, ordonnant qu'elles ſe payeroient par eux par tous leurs biens au lieu de leur ſituation : De ſorte qu'elles ſont par ce moyen & perſonnelles & reelles, ſelon la qualité du poſſeſſeur, & le fonds qui de ſoy eſt Noble ou rural, deuiét tous les deux en meſme temps, & prend auſſi ſouuent de qualitez differentes, que le Cameleon de couleurs par l'ap-proche des ſubjeĉts. Ce qui eſt ſans exemple en voſtre Royaume où les tailles ſont reelles, ou purement perſon-nelles, ne ſe pouuant aſſigner vne tierce eſpece, telle qu'on veut induire dudit arreſt.

Le méme Arreſt côtient vne autre notable contradition, en ce que par l'ordre de ladite Prouince les biens d'Egliſe d'ancienne dotation, ſont contribuables aux Decimes ; les Fiefs & biens Nobles aux charges du Ban & Arriere-ban, & les fonds ruraux du tiers Ordre, aux Tailles & ſubſides: de ſorte que chaque bien a ſes charges particulieres, excep-té les heritages ruraux que les Nobles, ou Officiers ont ac-quis de voſtre peuple, leſquels ſont de meilleure condition & plus priuilegiez entre leurs mains que les Comtez, Ba-ronnies, & autres Fiefs qu'ils poſſedent, d'autant qu'eſtans taxez ſeulement à l'Arriere-ban pour leurs Fiefs & biens

Pieces cot-
tees N.
Nobles,comme il eſt iuſtifié par les roolles d'Arriere-bans,
ils poſſedent par ce moyen auec plus de liberté & franchiſe
les fonds ruraux , puis qu'ils ne contribuent pour iceux en
aucunes charges; ce qui repugne entierement à la raiſon.

Les principales obiections des deux premiers Ordres &
Officiers rabattues , reſte de faire voir à voſtre Majeſté la
neceſſité qu'il y a d'eſtablir la realité de tailles dans ſadite
Prouince : Les frequentes exemptions & ennobliſſemens,
& les grandes acquiſitions des Nobles & exempts , four-
niront de matiere aſſez ample à ce ſuject.

Piece cottee
V.
Premierement on fait voir par noms & ſurnoms , que
dépuis quarante annees en ça,cent quatre vingts & ſept familles des plus riches du tiers Ordre ſe ſont ennoblies par
Offices , ou lettres d'ennobliſſemens , auec leurs deſcen-
dans,qui ſont en grand nombre,& pullulent tous les iours,
au preiudice de la reuoquation des ennobliſſemens accordee par le ſuſdit arreſt:Que dans voſtre Parlement,Cham-
bre des Comptes , Bureau des Treſoriers de France, & autres corps , il y a cent & cinq Officiers qui ſe pretendent
exempts , leſquels par le ſuſdit Reglement de 1579. Arreſt
de 1602. & cahier de 1603. doiuent eſtre reduits au nombre qu'ils eſtoient du temps du Roy Louys XII. que ces
nouueaux ennoblis & exempts poſſedẽt en biens par com-
mune eſtimation, plus de vingt-deux millions de liures,
qu'ils ont diſtrait de la taillabilité;de ſorte que ce n'eſt pas
ſans cauſe ſi le deniers que voſtre Majeſté veut eſtre leuez
dans ſa Prouince ne peuuent eſtre payez,& ſi voſtre pauure
peuple qui ne pardonne pas à ſon corps pour gaigner ſa
vie, gemit dans la contrainte de payer plus de taille qu'il
n'a de reuenu,par la ſurcharge que ces pretendus Nobles
& exempts luy rapportent.

En second lieu, les acquisitions qui ont esté faites par lesdits Nobles & exempts, ont causé la necessité extreme, & l'impuissance à laquelle vostre pauure peuple se trouue reduit, ce qui obligera assez vostre Majesté d'y remedier, d'autant que le breuet de la taille depuis quelques annees, ayant esté augmenté de plus de cinq cens mil liures, le fonds qui doit supporter cette surcharge s'est diminué de plus de la moitié par les frequents ennoblissemens, par les donnations & ventes simulees, & par les grandes acquisitions que les Nobles & exempts ont fait des biens ruraux *Pieces cottees T. EF. FF. GG.* & taillables, lesquels sont venus à tel poinct, que par diuers procez verbaux & enquestes, on iustifie que depuis soixante annees en ça ils ont acquis dans les villes & villages de ladite Prouince, aux vns la moitié, aux autres les deux tiers, & en quelques vns le total des fonds taillables, comme aux villages de Challonnes, Malleuille, S. Bodille, & autres où le peuple depuis quelques annees en ça ne possede pas vn seul arpent de terre : Que les habitans de vostre Comté d'Albon composee de 31. feuz, ont esté contraincts de faire cession de leurs biens à vostre Majesté, à cause des grandes acquisitions que lesdits Nobles & exempts y ont fait: *Pieces cottees H H.* Les meilleures villes de vostre Prouince n'ayant peu se garantir de telles acquisitions, puis qu'on fait voir que la ville de Valence composee autresfois de trente-neuf feuz, à present n'en possede que le tiers, les Nobles & exempts en ayans acquis le nombre de vingt-six : de sorte qu'il ny a ville ny village où le mesme desordre ne soit arriué, lequel on feroit voir plus grand si les interessez, par leur authorité & menaces, ou les Chastellains Royaux, qui sont la pluspart Nobles, ne l'eussent empesché : de sorte qu'il faut par necessité qu'au moyen des excessiues acquisitions des No-

bles & exempts qui excedent la moitié des feuz taillables,
voftre Majefté modere (s'il luy plaift) le breuet de la Taille,
& la reduife à cefte proportion, ou qu'elle declare tous les
fonds dequoy les 4750. feuz furent compofez par la derniere reuifion, taillables à l'aduenir, en quelque main qu'ils
foient de prefent.

Ce defordre ne s'eft pas feulement pris au fonds rural
qui paye taille, mais encore aux pauures villageois que les
Nobles & exempts ont chaffez de leurs biens & maifons
pour agrandir leurs domaines, lefquels errans çà & là fans
demeure, font reduits à mendicité, & la plus grande partie
peris de faim ou de maladie, les Communautez de More-
ftel, Vals, Demptefieu, & la Baftie Montgafcon entr'autres
feruent d'exemple, lefquelles eftant compofee de quatre
vingts vnze feuz taillables, & de dix-fept cens quatre vingts
deux familles : A prefent par les acquifitions des Nobles &
Officiers, ne poffedent pas vingt-fept feuz de terroir, & ne
font à prefent cópofees que de neuf cens foixante & douze
familles : de forte que les Nobles & Officiers y poffedent,
outre les anciens biens Nobles, cinquante quatre feuz taillables, & ont fait perdre huict cens & dix familles qui
payoient la taille, & fupportoient les charges defdictes
Communautez.

Cette perte de familles, outre la diminution du fond de
vos Tailles, apporte vn fecond dommage à voftre Majefté
dans les terres de fon Domaine qui eft plus grand en Dauphiné qu'en nulle autre Prouince de fon Royaume, d'autát
que dans lefdites terres tous les chefs de famille doiuent à
voftre Majefté des grands droicts & deuoirs qui font de
voftre Domaine, defquels les Nobles & Officiers fe pretendent exempts, comme de la Taille, au moyen dequoy

le reuenu de voſtredit Domaine ſe perd iournellement, &
ſe trouuera en fin eſpuiſé par leſdites acquiſitions, & perte
de familles; ce qui eſt de telle conſequence, que dans les
ſeules terres d'Albon, Chaſteau-villain, & Quinſonas, par
la perte de cent quatre vingts douze familles, &acquiſi- _piece cottee CC._
tions de cent vingt-cinq iougs de bœufs, que les Nobles
y poſſedent en voſtre Domaine, eſt diminué de plus de
ſeize cens liures par an. Voſtre Majeſté par cét eſchantillon
iugera de la piece, & quel dommage elle reçoit dans les
autres terres de ſon Domaine.

Mais (SIRE) quand toutes ces raiſons de iuſtice & d'vtilité ne ſeroient aſſez conſiderables pour mouuoir voſtre
Majeſté d'accorder le Reiglement que ſon pauure peuple
luy demande: celle de la neceſſité à qui toutes les autres
ceddent, ſe trouuera la plus puiſſante, d'autant que voſtre
Prouince ayant entierement changé de face, & n'ayãt plus
aucune marque de ſes anciennes libertez & franchiſes,
eſtant priuee de ſes Eſtats depuis l'annee 1627. & de l'adminiſtration de la ferme des Gabelles,de laquele elle auoit
iouy de tout temps pour le ſupport des charges auſquelles
par ſa ſituation,comme frontiere, elle eſt ſubjecte plus que
nulle autre Prouince de voſtre Royaume, ayans de plus
ſouffert l'eſtabliſſement d'vne Cour des Aydes,d'vn Bureau
de Treſoriers de France, & de dix Eſlections, auec pluſieurs creuës d'Officiers exempts, & autres:& en outre ſupporté diuerſes augmentations du prix du ſel, des tailles, &
des garniſons, diuers paſſages & ſejours d'Armees, allans,
& reuenans d'Italie, & Languedoc, auec l'entretenement
de pluſieurs Regimens à ſes deſpens, qui l'ont depeuplé, &
contraint les meilleures familles d'abandonner leurs biens
& leurs maiſons : Il faut de neceſſité que voſtre Majeſté y

E iij

reſtabliſſe (s'il luy plaiſt) l'ancien ordre, pour faire viure chacun dans ſa condition , & donner moyen à ſon pauure peuple de ſuruenir aux charges qu'elle luy a impoſé deſſus, par la neceſſité de ſes affaires , & le bien de ſon ſeruice ; ce qui ne ſe peut autrement qu'en ordonnant, Que tous les fonds & heritages ruraux declarez taillables par la derniere reuiſion, le feront à l'aduenir, & cadaſtrez à perpetuité, à l'exēple des Baillages de Gap, Briançon, Embrun, & Communauté d'Oyſans, faiſans le tiers de voſtredite Prouince.

CHARGES EXTRAORDINAIRES.

LEs raiſons de la Realité deſduites, reſte de venir à la ſeconde demande, concernant la contribution des charges extraordinaires & communes de ladite Prouince.

Par l'article 15. du cahier preſenté à voſtre Majeſté, les Députez du tiers Ordre demandent que les deux premiers Ordres & Officiers, ſuiuant les anciennes formes de la Prouence, ſoient tenus contribuer, tant pour les biens Eccleſiaſtiques, & Nobles, que pour les ruraux, aux frais des garniſons, paſſages, ſeiours, logements, munitions, & foules des gens de guerre, & autres charges extraordinaires & communes, qui ſont toutes les ſommes, dont le breuet de la Taille eſt à preſent compoſé outre & par deſſus le Taillon ancien, & don gratuit.

piece cottee A.

Pour eſtablir cette ſeconde demande, il faut preſuppoſer (comme il a eſté dit cy-deuant) que quand Humbert Dauphin remit ſon pays de Dauphiné au Roy Philippes de Vallois, ce fut auec cette condition que tous les ſujects dudit pays, de quelque qualité qu'ils fuſſent, demeureroient exempts de toutes Tailles, dons, emprunts, &

charges extraordinaires, reseruant seulement les Tailles Stat. Delph. fol. 88.
ordinaires Comtales, cens, rentes, coruees, & autres droicts
deubs à son Domaine, comme Seigneur & Comte parti-
culier de quelques Terres.

Ladite Prouince estant vnie à vostre Couronne, les trois
Estats de temps en tẽps faisoient don aux Roys Dauphins,
en reconnoissance de leur Souueraineté, d'vne somme certaine, qui fut appellee don gratuit, d'autant que lesdits
Estats le faisoient de leur propre mouuement & sans aucune contrainte : De sorte que la Taille qu'on leuoit pour ledit don fut appellé extraordinaire, d'autant qu'elle ne se
payoit que extraordinairement, & contre les franchises &
immunitez accotdees par ledit Humbert Dauphin, dans
lesquelles ledit Roy Philippes, & ses successeurs, promirent
conseruer ledit pays.

Mais les Roys, François premier, & Henry second,
obligez par la necessité de leurs affaires, de leuer sur leurs
peuples de grandes sommes de deniers, le don gratuit, lequel auparauant estoit en Dauphiné extraordinaire, fut
pour lors rendu ordinaire : Et outre iceluy, fut imposé annuellement sur ledit pays la somme de vingt-sept mil cinq
cens liures pour le Taillon, qui fut lors estably pour la sol-
de & commutation des vstancilles de la gendarmerie de
France.

De sorte que toutes les charges ordinaires de ladite Prouince consistoient en la somme de vingt mil liures pour le
don gratuit, & vingt-sept mil cinq cens liures pour le Taillon. Et tout ce qui s'est depuis leué sur ledit pays estoient
charges extraordinaires, qui estoient employees pour les
affaires communes d'iceluy, ausquelles tous les Ordres ont
tousiours contribué : comme il se iustifie clairement par les

Stat. Delph. fol. 38. verso. & sequ.

Lettres patentes de Charles VII. de l'an 1417. donnees à la requeste du Procureur des trois Estats. Par lesquelles il est dit que toutes les sommes qui se leuoient dans ladite Prouince, outre le don gratuit, comme pour frais de voyages, Ambassades, Armees, debtes, & autres, estoient imposees sur les trois Estats & suportees en general par le pays. C'est pourquoy elles estoient leuees & receuës par le Receueur des deniers dudit pays, lequel fut deschargé par les mesmes Lettres de rendre compte desdits deniers en la Chambre des Comptes : d'autant que ce n'estoient deniers Royaux, ains deniers qui se leuoient pour les affaires dudit pays, desquels le Roy a tousiours laissé la libre dispositiõ aux Estats.

Piece cottee D. Piece cottee G. Inuentaire de la realité. piece cottee Y.

Sur cela est fondee la distinction qu'on fait desdites charges ordinaires & extraordinaires: le Roy François I. par son Edict de l'an 1537. donné à Esdin, la Royne Catherine de Medicis, par le Reglement de l'an 1579. le Sieur de Cheurieres vostre Aduocat general par ses Conclusions de l'an 1593. & le feu Roy, par la response à l'art 15. du cahier de l'an 1603. laquelle a esté desguisee aux impressions faites dudit cahier dans la ville de Grenoble és annees 1614. & 1619. & encores en celle de Paris de l'an 1633. que les sieurs de la Noblesse ont fait faire pour produire en la presente Instance : car au lieu de faire imprimer comme il est en l'original, que les Officiers de vostre maison, & celle de Monseigneur le Dauphin seroient exempts des deniers ordinaires qui se leuent en Dauphiné; sçauoir, de l'Octroy, du Taillon, & commutation d'vstencilles, & pour le reste des impositions extraordinaires, qu'ils y contribueroient comme les autres : au lieu de ce mot (extraordinaires) ils ont fait mettre (ordinaires) afin de tirer de la consequence, qu'outre le don gratuit & le taillon, on leuoit sur le peuple

d'autres

d'autres deniers ordinaires:mais le mesme cahier qui a esté *Pieces cot-*
imprimé en l'an 1603. & l'extraict dudit article 15. colla- *tees O.*
tionné à son original par le Secrettaire de vostre Majesté,
qui l'a en son pouuoir, font voir cette supposition, & que
le don gratuit & le taillon sõt les seulles charges ordinaires
qui se leuent en vostre Prouince, & que toutes les autres
sont extraordinaires, ausquelles les trois Ordres ont tous-
jours contribué.

* Outre les Lettres patentes de Charles VII. de l'an 1437. *Stat. Delph.*
cela est iustifié par grand nombre d'autres pieces, ausquel- *fol. 97. ver-*
les il n'y a point de responce. *so. & sequ.*

Par l'Arrest de vostre Parlemẽt de Grenoble de l'an 1510. *Franc.*
par lequel les Nobles ont esté condamnez au payement *Marc. de-*
des estappes dressees pour le passage de l'armee de Louys *cis. 457. n.*
XII. allant en Italie, & furent seulement exceptez de cette *28. Piece*
contribution les Nobles qui seruoient en ladite armee. *cottee B.*

Le mesme se prouue par 4. conclusions des Estats gene-
raux de lad. Prouince tenus és annees 1525. 1537. & 1543. *piece cottee*
par lesquelles il resulte que les deux premiers Ordres con- *C.*
tribuoient aux frais des garnisons, passages, & sejour des
gens de guerre.

Et d'autant que quelques personnes, contre cét ancien
ordre, se vouloient exempter de telles contributions, à la
requeste des gens des trois Ordres dudit Pays, le Roy François I. par son Edict donné au Camp d'Edin le 5. Auril *Piece cottee*
1537. verifié audit Parlement de Grenoble le 7. May ensui- *D.*
uant, ordonna que la despense du seiour & passage de son
armee seroit imposee sur tous & vn chacun les sujects &
habitans de sondit pays de Dauphiné ; tant sur ceux qui se
disoient exempts par priuilege de la contribution du don
gratuit de la somme de vingt mil liures, que sur tous

autres quelconques, sans aucun excepter, nonobstant leurs priuileges.

En consequence dequoy tous les Ordres dudit pays ont tousiours depuis conttibué ausdits passages, garnisons, & *Pieces cottees E. & E* foulles des gens de guerre, comm'il appert par plusieurs Roolles & Conclusions faites és villes de Grenoble, & Valence, des annees 1564. 1565. 1568. 1569. 1570. 1574. 1575. & 1578. que par autres Conclusions prises par tous les Ordres dudit pays dans les Assemblees des Estats generaux conuoquez és annees 1565. 1575. 1576. 1578. 1581. & 1588.

Piece cottee G. Et pour preuue plus ample de telle contribution, a esté produit le cahier presenté à la Reyne Catherine de Medicis, où par la response à l'article 14. il est ordonné que les Ecclesiastiques fourniroient vne Decime, les Nobles cent Lances pour Arriere-ban de trois en trois mois, sans rapporter aucunes charges au peuple : & que pour l'Artillerie, poudre à canon, & charrois des choses necessaires au fait de la guerre, ils consentiroient à vne augmentation du prix du sel qui se debiteroit audit pays, telle qui seroit iugee necessaire.

Piece cottee H. La Lettre escripte au Vibally de S. Marcellin le 29. May 1580. par le Gouuerneur de la Prouince, aux fins de faire assembler les gens de son Baillage pour imposer au subject des frais & affaires de la guerre, la somme de soixante mil escus ; sçauoir vingt mil escus sur les sieurs de l'Eglise & de la Noblesse, & les quarante mil restans, sur le peuple.

En l'inuentaire de la Realité piece cottee N. Les Roolles d'Arriere-ban des sommes que les Nobles ont imposé sur eux pour leur part des charges extraordinaires de lad. Prouince, és annees 1557. 1579. 1580. & 1588.

Les Lançons des annees 1576. 1577. 1579. 1580. 1581.

1589. & 1592. qui font Commiſſions de la Chambre des Comptes enuoyees aux Communautez pour impoſer les ſommes qui auoient eſté reſoluës aux Eſtats , deſquelles il reſulte que les Eccleſiaſtiques & les Nobles ont contribué par Decimes & Arriere-bans en deniers aux fraisde la ſolde & entretien des gens de guerre.

Piece cottee 9.

·L'Arreſt de la Cour de Parlement dudit pays du premier Aouſt 1580. rendu à la requeſte du Procureur des trois Eſtats,& en conſequéce des Concluſions priſes aux Aſſemblees generalles deſdits Eſtats, par lequel il eſt ordonné que pour l'entretien des gens de guerre de ladite Prouince, il ſeroit procedé à vne autre leuee de deniers ſur chacun des Ordres dudit Pays, de ſemblable ſomme que celle qui auoit eſté accordee aux Eſtats precedens, qui eſtoit de trente mil liures pour la Nobleſſe,& autant pour le Clergé.

Piec. cottee N.

--r Et finalement le *Sieur* de Cheurieres voſtre Aduocat general audit Parlement,ſur la requeſte du tiers Ordre preſentee à ladite Cour le 3. Iuillet 1593. par ſes Concluſions requit pour voſtre Majeſté & pour voſtre peuple , que les deniers neceſſaires aux frais de la guerre fuſſent leuez ſur le ſel ou ſur les danrees & marchandiſes deſquelles on ne ſe peut paſſer pour l'vſage de la vie humaine, afin de faire par ce moyen entrer tous les trois Ordres auſdits frais & charges extraordinaires

Jnuentaire de la realité. piece cottes T.

Cét vſage, SIRE, a touſiours eſté tellement conſtant & certain dans voſtre Prouince, qu'il a meſme eſté confirmé par l'Arreſt du 15. Auril 1602.

D'autãt que Meſſieurs du Maine,& de la Valette, ayans eſté enuoyez en Dauphiné auec vne armee pour contenir dans le deuoir ceux de la Religion pretendue reformee, les trois Ordres de ladite Prouince, pour ſuruenir aux frais de ladite armee, furent contraincts d'emprunter en corps de pays de diuerses personnes, la somme de quatre cens cinquante mil escus, pour le payement de laquelle par ledit Arrest du 15. Auril 1602. il fut ordonné, que où l'impofition qui se leuoit sur la ferme des Gabelles dudit pays, ne pourroit suffire pour acquitter ladite somme, seroit mise vne impofition de deux & demy pour cent sur les marchandises qui entreroient & se consumeroient dans ladite Prouince; ce qui fait voir sans contredit que les deux premiers Ordres & Officiers sont condamnez de suporter leur part desdites charges extraordinaires: d'autant que le fonds sur lequel fut ordonné le payement de ladite somme, estoit commun à tous les Ordres.

Et de fait le tiers Estat en l'an 1603. ayant demandé en interpretation dudit Arrest, que les frais des Estats & affaires communes de la guerre, & autre necessité pour la conseruation de vostre Prouince, fussent payez sur les deniers communs des trois Ordres : Le feu Roy par la responfe à l'article 4. du cahier de ladite annee 1603. Ordonna qu'il en seroit vsé comme il auoit esté auparauant l'annee 1560. Responfe qui condamne purement lesdits deux premiers Ordres & Officiers, d'entrer aux charges extraordinaires dudit pays; puis qu'auant ladite annee on a fait voir qu'ils y ont contribué.

  I. Par la Patente de Charles VII. de l'an 1437.

II. Par Arrest de la Cour de Parlement de Grenoble de l'an 1510.

  III. Par l'Edict de François I. donné à Esdin en l'an 1537. verifié audit Parlement.

  IV. Par quatre Conclusions des Estats generaux dudit pays, des annees 1525. 1537. & 1543.

Et en dernier lieu, par vn Roolle d'Arriere-ban en deniers de l'an 1557.

Mais les sieurs de la Noblesse reconnoissans combien
la responce audit article leur estoit desaduantageuse, ont
produit quatre parcelles tronquees de la despense dudit
pays des annees 1558. 1559. 1560. & 1561. Desquelles ils
veulent inferer qu'ils estoient exempts en ce temps là desd.
charges, puis qu'il est porté par lesdites parcelles, que la des-
pence du passage des gens de guerre, & leuee des foüagers
seroit regalee sur les gens du Clergé & du tiers Ordre; mais
on respond qu'on ne doit auoir esgard en tout cas qu'aux
parcelles des annees 1558.& 1559.& non aux autres; d'autāt
qu'il est porté par la response dud. cahier, qu'il en seroit vsé
côme auant l'an 1560.Que si bien au mesme cahier imprimé à Grenoble, és annees 1614.& 1619.& encores en celuy
que lesdits sieurs de la Noblesse ont fait imprimer en l'an
1633.il y a 1570.au lieu de 1560. ça esté vne erreur de l'im-
pression, puisqu'au mesme cahier qui fut imprimé en l'an
1603. & en l'extraict de l'article 4. dud. cahier collationné
à l'original par le Secretaire de vostre Majesté, qui l'a en son
pouuoir, il y a 1560. & non 1570.

D'ailleurs on respond que si bien il est porté par lesdites
deux parcelles, que la despése du passage des gens de guerre, & leuee des foüagers, seroit regalee sur les gens d'Eglise
& sur ceux du tier Estat, lesd. Nobles ne furent pas pour cela exempts de contribuer ausdites charges; d'autant que 6.
mois auparauant ils leuerent sur eux vn Arriere-ban en deniers pour leur part de la contribution desdites charges.

Les Sieurs des deux premiers Ordres & Officiers côdam-
nez par la response dud. cahier, de côtribuer ausd.charges:
& dilayant de ce faire, obligerēt derechef le tiers Ordre de

recourir au feu Roy Henry le grand, lequel apres pluſieurs

renuois aux Eſtats dud. pays pour terminer ce differend: en fin par ſon Arreſt du dernier de Mars 1609. ordonna la leuee de 3. deniers pour pot de vin qui ſe vendroit en deſtail dans lad. Prouince, par quelque perſonne que ce fuſt, pour eſtre les deniers en prouenans employez au payement des charges extraordinaires, & non ailleurs.

Cét Arreſt eſtant preſenté à l'Aſſemblee des Eſtats generaux de lad. Prouince conuoquez dans la ville de Valence, en l'an 1611. fut cōclud par tous les Ordres, qu'au lieu dud.

Impoſt octroyé ſur le vin, feroit faicte nouuelle impoſition de 3. liures 3. ſols ſur chaque minot de ſel qui ſe debiteroit dans lad. Prouince; ce qui fut executé, & les deniers prouenãs de lad. creuë employez au ſupport deſdites charges, iuſques en l'an 1628. que V. Majeſté a retiré à ſoy, & mis en ſon Eſpargne la Ferme des Gabelles de lad. Prouince, de laquelle les Eſtats dud. Pays auoient eu de tout temps l'adminiſtration pour le ſupport de leurs charges.

Contre cette Concluſion d'Eſtat, voſtre Nobleſſe, SIRE, dit que les deux premiers Ordres auoient droict de leuer la vingtieſme des deniers prouenans de lad. impoſition, pour l'employer où bon leur ſembleroit, & que par ce moyen ils n'ont rien contribué du leur pour le payement deſdites charges: Mais la reſponſe ſe tire de la lecture de lad. piece, par laquelle il eſt reſerué que ſur les deniers qui prouiendroient de lad. impoſition de 3. liures 3. ſols pour minot, les charges ordinaires & communes ſeroient payees par prealable, & ſur la ſomme reſtante, feroit priſe & leuee la vingtieſme partie par les deux premiers Ordres, & le ſurplus par le tiers Eſtat, pour l'ēployer ou bō leur ſembleroit.

Ce qui fait voir combien cette obiection eſt peu conſi-

derable, d'autant que les deux premiers Ordres ne pouuoient prendre la vingtiefme qu'apres le payement des
charges ordinaires & communes de ladite Prouince, lefquelles ayant ordinairement equipollé le prix prouenant
de lad. impofition ; cette referue par ce moyen leur a touf-
jours efté infructueufe : de forte que lefdits deux premiers
Ordres & Officiers ne peuuent defnier qu'ils ne doiuent
contribuer pour tous leurs biens, tant Nobles que Ruraux,
en toutes les charges extraordinaires & communes qui fe
leuent dans led. pays, ny empefcher que les biens & heritages qui ont donné lieu à l'eftabliffement, ou reuifion generale des quatre mil fept cens cinquante & tant de feuz, ne
foient à l'aduenir declarez taillables & cadaftrez à perpetuité, à l'exemple des Baillages de Gap, Briançon, Embrun,
& Communauté d'Oyfans, faifans le tiers de lad. Prouince.

Ce font SIRE, les deux principales demandes que font
à voftre Majefté les gens du tiers Eftat de voftre Prouince
de Dauphiné, pour affeurer le fonds de la taille, & remedier aux abus qui fe commettent en fraude d'icelle ; & par
mefme moyen, mouuoir voftre Iuftice ordinaire à foula-
ger fes pauures fubjects, & reigler pour vne bonne fois les
charges qu'ils doiuent fupporter, afin qu'à l'aduenir ils
puiffent viure & fubfifter dans leur condition, & fouftenir
auffi puiffamment que fidellement la qualité de vos tres-
humbles, tres-obeyffans, & tres-fidelles fubjects.

GVERIN   *Deputé.*